sagradas

valeria hipocampo

sagradas

50 DIOSAS DE TODO EL MUNDO

Sagradas
50 diosas de todo el mundo

Primera edición: junio, 2019

Penguin
Random House
Grupo Editorial

Los dioses están siempre presentes, pero no se les ve; no se dejan ver... sino en raros y preciosos instantes cuando una realidad deslumbrante aparece en su brevedad, como una manifestación de algo infinito.

– María Zambrano, *El Hombre y lo Divino*

PRÓLOGO

Más allá del tiempo invertido en ilustrar y escribir, este libro ha implicado para mí un largo recorrido rastreando los orígenes de mi perpetuo interés por los símbolos y el imaginario de *lo femenino*. Mi estilo gráfico, siempre repleto de mujeres y elementos usualmente relacionados a la feminidad, ha sido el sitio donde vierto un lenguaje que, aunque difícilmente podría expresar con palabras, gira siempre alrededor de las mismas ideas: delicadeza, nostalgia, sabiduría, sutileza, liviandad; las mismas que han hallado su refugio y santuario en la hoja de papel, el grafito y los colores.

Estas cualidades han sido también depositarias del paradigma femenino y a la larga se han vuelto una forma de imponer una única y deseable manera de asumir la feminidad. Sin embargo, en este infinito camino que supone pensar y crear mi propio imaginario visual, he descubierto que las formas de representar y honrar lo femenino son antiguas y complejas, pero también sencillas y vigentes. Hacer este libro me ha dado la oportunidad de confrontar mi estilo visual con historias y mitos antiquísimos donde las mujeres escapan a toda forma de domesticación y certezas; dan vida y dan muerte, son madres y se niegan a serlo, viven rodeadas de flores y sedientas de sangre. Pues en el delicado y a la vez absoluto mundo de lo femenino, caben todas las tramas y deseos.

Llevar todos estos mitos al papel, algunos muy olvidados y otros fresquísimos en el imaginario colectivo, ha sido una forma de continuar tejiendo, inventando y narrando no sólo nuestros orígenes, sino indagando diversas maneras de asumir la feminidad a partir de honrar el pasado. Además, esta experiencia ha sido para mí una bellísima forma de volver a sacralizar todo aquello de lo femenino que podemos hallar en lo cotidiano.

INTRODUCCIÓN

En casi todas las mitologías, las diosas reúnen las características de lo femenino en su concepción fundamental: desde la fertilidad implícita en los órganos reproductivos hasta el impulso de proteger a su prole y la seguridad del hogar, propio de las hembras madres. Si bien esta forma básica del género es clara en las comunidades más primitivas, como demuestran los vestigios arqueológicos más antiguos del África u Oceanía, con el paso del tiempo sus funciones y sus atributos se fueron complicando con símbolos, atributos y abstracciones en la medida en que los grupos humanos que las discurren también evolucionaron.

Así vemos, por ejemplo, que entre los nórdicos apareció una deidad tan gélida como el entorno y que, a falta de una presencia social acogedora, como sería de esperar, la giganta Hel, hija del dios Loki y de una hechicera inmortal, encargada del inframundo llamado Helheim, situado bajo una de las raíces de Yggdrasil. Más temida que la griega Perséfone, quien fuera robada por Hades para aliviar su tenebrosa soledad, Hel era una joven hermosa en la mitad de su cuerpo, pero un horrendo cadáver putrefacto y nauseabundo en la otra. Tal visión doble ilustraba el contraste entre la vida y la muerte que permanece alojado, con el miedo, en el inconsciente colectivo desde la noche de los tiempos.

Otras representaciones, mucho más complejas, pertenecen a mitologías fundadas en una dualidad esencial. Recordemos a la tremenda y benévola Kali, del superpoblado panteón hinduista, cuyas casi inabarcables advocaciones causan calamidades tremendas y recompensan con todo lo contrario a sus fieles. Correspondientes a mitologías ya impregnadas de fundamentos filosóficos, otras, como Kali misma, simbolizan enfrentamientos entre valores opuestos: luz y oscuridad, bien y mal, destrucción y construcción, esterilidad y fertilidad, nacimiento y muerte, sufrimiento y alegría, etcétera.

El interesantísimo principio de la dualidad es también insepa-rable de la filosofía mesoamericana. Baste recordar la regen-cia del Señor-Señora del Universo, dios mexica de la creación y la fertilidad, Señor-Señora de nuestra carne y nuestra fecun-didad: Tonacatecuhtli representa, por consiguiente, la dificul-tad de ilustrar "lo femenino" que supondrían indispensable en diosas difíciles de encontrar "en estado puro". Ni qué decir de la imposibilidad de entender "lo femenino" mediante la monu-mental y prestigiada Coatlicue, Cihuacóatl o Cicóatl, madre de los dioses, la del faldellín de serpientes y pechos caídos, porta-dora de calaveras y mazorcas, adornada con el collar de manos y corazones humanos, acaso para simbolizar la vida. Madre de los cuatrocientos urianos, de Huitzilopochtli y de la desmembrada Coyolxauhqui. Honrada al igual que la importantísima "Nuestra Señora Tonantzin", antecedente nada menos que de la Guada-lupana, cuyo santuario sería construido en el sagrario de la temi-ble y amada deidad de los aztecas.

La significación de entidades dotadas con fisonomías, cualida-des y sexualidad que podríamos clasificar de femeninas, en toda su plenitud o al menos en su obviedad, tienen en Afrodita el paradigma de la sensualidad, el erotismo y el amor. Hera es la esposa fiel, perseguidora eterna del marido lujurioso y venga-dora de las amantes de Zeus que engendran hijos con él, aun contra su voluntad; o Deméter, la más alta patrona de las cose-chas unida a la desgracia sufrida por su hija Perséfone. Demé-ter, por consiguiente, también aparece implicada en los oscuros misterios de Eleusis.

En todos los casos es el destino directo del Hombre y el estado del mundo los que están en juego y lo que, en esencia, se enreda y compromete con la presencia de las diosas. No ocurre así con entidades secundarias, como las hermafroditas que, aunque presentes en ocasiones, no destacan en las grandes mitologías. Recordemos que inclusive las diosas nacen mujeres, pero, como bien observara Simone de Beauvoir, "la cultura las hace muje-res" con sus defectos, obligaciones, restricciones y cualidades.

Por ellas se pueden inferir creencias, costumbres, supersticiones, limitaciones y miedos al paso de las edades.

Gracias a las diosas, también, entendemos que los cambios estacionales y biológicos están ceñidos a las emociones, a las pasiones, a los contrastes entre la luz y la oscuridad o al universo y al movimiento de las estrellas.

Más allá de los ritos de fertilidad, las más prestigiadas deidades, como la egipcia Isis, transitan por entre los mundos de éste y del otro lado. Isis resucita a su esposo Osiris, asesinado y destazado, y con uno de sus fragmentos engendra a su hijo y heredero Horus.

Honrada durante milenios, no sólo beneficiaba a sus fieles, también ayudaba a los muertos en su travesía hacia su nueva residencia en el Oeste. Sanadora, presencia indispensable en los ritos funerarios, Isis es personaje infaltable en los textos sagrados, especialmente en pasajes vinculados con encantamientos y los misterios arcanos, vinculados a la resurrección.

Las diosas, en todas sus modalidades, son indispensables para conocer la evolución de las culturas en su totalidad. Sin sus atributos y transformaciones sucesivas nos sería imposible entender no sólo las complicaciones del Hombre, sino la vida misma.

M.R.[*]

---

[*]Socióloga, investigadora y autora de múltiples publicaciones.

CARACTERÍSTICAS

Diosa del amor físico y la belleza, Afrodita, rebosante de sensualidad y encanto, fue el tema favorito de los artistas griegos, principalmente de los escultores, que se complacían con el arquetipo de la belleza física a través de sus perfectas formas. Ella representa el goce del amor, el sexo y la sensualidad.

AFRODITA

Origen: **cultura griega**
Región: **península de los Balcanes e islas del mar Egeo**

MITO

Urano, dios del cielo, se recostaba sobre la Tierra para fecundarla; pero Cronos, que pretendía derrocarlo, lo atacó y mutiló, lanzó su miembro al mar donde flotó por mucho tiempo, hasta que una blanca espuma comenzó a surgir de su esperma, y de ella nació Afrodita, el ser más bello que ha pisado la tierra. Las olas la llevaron sobre una concha marina hasta la costa, donde Eros, dios de la atracción, la recibió y la condujo con los dioses, que la coronaron como una de ellos vistiéndola con ropas preciosas. Afrodita representa la importancia de la contemplación, disfrute y propagación de la belleza en todas sus formas como un aspecto esencial del divino femenino.

Divinidad proveedora, la cabra Amaltea cuidó y alimentó a Zeus en su infancia. En mitologías griegas posteriores, uno de sus cuernos trascendió como símbolo de abundancia y generosidad, conocido como cornucopia.

AMALTEA

Origen: **cultura cretense**
Región: **isla de Creta**

MITO

Cuando Rea dio a luz a Zeus, aún siendo un recién nacido, lo escondió en una cueva para evitar que Cronos, su padre, lo devorara. Amaltea lo encontró, cuidó y alimentó durante toda su niñez. Alguna vez, en una de sus travesuras de niño, arrancó sin querer uno de sus cuernos, que se convertiría en el cuerno de la abundancia eterna o cornucopia, de donde manan delicias capaces de alimentar a la humanidad entera. Al morir Amaltea, Zeus la honró convirtiéndola en la constelación de Capricornio. Uno de los atributos de lo divino es la capacidad de dar y compartir. Tal como lo muestra Amaltea, cuidar del otro es también una cualidad del poder divino.

Deidad suprema de Japón, Amaterasu, la diosa solar, es una de las pocas deidades femeninas que representan al Sol en la mitología universal. Encarnación de la pureza, la luz y la divinidad. Aún en la actualidad la realeza nipona visita su templo en la provincia de Ise para consultar con ella los asuntos políticos más relevantes.

AMATERASU

Origen: **mitología japonesa**
Región: **Japón**

MITO

Susanowo —el dios de la tormenta, hermano de Amaterasu— celoso del poder y belleza de la diosa cubrió el cielo de nubes negras para opacar su brillo, con lo que la llenó de miedo y vergüenza, provocando que se recluyera en una cueva, sumiendo a todos los seres vivos en la oscuridad, caos y muerte. Nada la convencía de salir, ni siquiera los otros dioses. Uzume, la diosa de la felicidad y la danza, tuvo la idea de bailar en la entrada de la cueva cargando un espejo. La algarabía, las risas y los aplausos del baile hicieron que Amaterasu, curiosa, se asomara. Al ver su propio brillo reflejado creyó que una diosa más bella ocupaba su lugar, y de inmediato salió de la cueva, regresando el equilibrio al mundo y triunfando sobre la oscuridad. Simboliza la promesa de luz omnipresente, incluso en los momentos en que la oscuridad es capaz de oscurecer al Sol.

Diosa y espíritu de la naturaleza salvaje y la caza, Artemisa está íntimamente asociada con los animales: la liebre, el lobo, el jabalí, el oso y el ciervo; a menudo se le representa ya sea a su lado o incluso montada sobre ellos como en el caso del oso o el ciervo. Ella, a diferencia del resto de los dioses griegos, pasaba la mayor parte del tiempo en el bosque, cazando o contemplando la naturaleza.

ARTEMISA

Origen: **cultura griega**
Región: **península de los Balcanes**
e islas del mar Egeo

MITO

Por lo general Artemisa cazaba y paseaba sola por el bosque, pero también disfrutaba mucho de la compañía de las ninfas, en especial de las Oréades, guardianas de las montañas, con las que se le veía a menudo acompañada. En uno de sus viajes encontraron un grupo de sátiros, bien conocidos por su irrefrenable apetito sexual, comenzaron a perseguirlas y acosarlas. Artemisa, que veía todo desde un altísimo peñasco, y que era también protectora y guardiana de las mujeres y los seres femeninos, no dudó un instante y apuntó desde cien metros de altura a uno de los sátiros, sus flechas eran siempre certeras y ésta no fue la excepción, atravesó el corazón de la criatura, haciendo a todas las demás retirarse. Artemisa nos adentra en el conocimiento de la naturaleza más salvaje, enseñándonos una parte esencial y sagrada de la feminidad.

Diosa griega de la sabiduría y el combate guerrero. Atenea, más que una deidad bélica, se considera una divinidad defensora, a menudo conciliadora y sumamente sabia. Totalmente entregada al conocimiento guerrero e inventivo, pues cuando la guerra terminaba y se establecía la paz, ella se dedicaba a crear artefactos y técnicas tanto utilitarias como artísticas, entre las que destacan la cerámica y la aritmética.

ATENEA

Origen: **cultura griega**
Región: **península de los Balcanes**
e islas del mar Egeo

MITO

Nacida de la cabeza de Zeus, Atenea llegó al mundo armada, como presagio de su extraordinaria habilidad guerrera. Muy pronto su padre la dejó al cuidado del dios Tritón, quien la crió como una más de sus hijas, entre las que estaba Palas, inseparable amiga de la diosa. Durante uno de sus juegos, Atenea perdió el control de su lanza, hiriendo de muerte a la pequeña Palas; Atenea, horrorizada y arrepentida trazó el nombre de su amiga sobre su escudo, de modo que sería lo primero que mostrara durante las batallas, ganando así el sobrenombre "Palas Atenea". La sabiduría al servicio de los demás, la independencia y la disciplina son sólo algunos de los atributos que Atenea exalta de la feminidad.

Diosa gato, benévola y protectora, se dice que Bastet es la encarnación del alma de la diosa Isis, deidad madre de la mitología egipcia. Representada tanto como una gata negra como una mujer con cabeza felina. Guardiana del hogar y en particular de las mujeres embarazadas. Hija del dios Sol, representaba la tibieza solar amable y protectora. Su culto se llevaba a cabo en los hogares egipcios.

BASTET

Origen: **mitología egipcia**

Región: **Egipto y cauce del río Nilo**

MITO

No se sabe a ciencia cierta su origen, algunas versiones indican que es una versión benévola de la diosa leona, Sejmet. Pero es seguro que su culto fue uno de los más arraigados en la sociedad egipcia. Se cuenta incluso que el imperio perdió la ciudad de Pelusio ante los persas, pues, aprovechándose del respeto que todos los egipcios sentían por los gatos debido al culto de esta diosa, los soldados oponentes sostuvieron gatos frente a sus escudos evitando así el ataque egipcio.

Brigid representa el principio divino femenino en la mitología celta, deidad solar y señora del fuego, diosa madre de las artes, la magia y la sanación. Es una deidad triple, pues representa tres aspectos esenciales dentro de la cultura celta: la sabiduría, el hogar y la transformación. Su culto ha pervivido hasta la actualidad pues se fusionó con santa Brígida, e incluso se le honra en la misma fecha.

BRIGID

Origen: **mitología celta**

Región: **Irlanda, Escocia y Gales**

MITO

A la diosa Brigid se le veneraba en muchos sitios, pero el más importante era un templo al aire libre, rodeado de setos donde ardía la llama sagrada Kildane, nombrada así en honor a la diosa del fuego. Las encargadas de mantener la llama viva eran únicamente sacerdotisas; el acceso estaba prohibido a los hombres, ya que se creía que perturbarían la esencia femenina del lugar. Se dice que los que llegaron a transgredir el lugar fueron maldecidos por la misma Brigid, que los volvía locos o suicidas. Brigid nos recuerda la importancia de entender la diversidad de los aspectos de un mismo elemento, el fuego, que a menudo se asocia más con lo masculino y, sin embargo, es una fuerza creadora primigenia, al igual que la feminidad misma.

También conocida como Ptesan Wi, esta deidad asociada al origen de los pueblos lakota se presenta lo mismo como un búfalo de blanco pelaje que como una hermosa mujer de piel morena, dispuesta a preservar los más sagrados rituales de la comunidad.

BÚFALO BLANCO

Origen: **cultura lakota**

Región: **centro / norte de Estados Unidos**

MITO

Ptesan Wi, o Mujer Búfalo Blanco, nombró a dos hombres como mensajeros para anunciar a la comunidad su próxima llegada, uno de los cuales pretendió tocarla seducido por su belleza. La diosa, ofendida por el agravio, lo convirtió en cenizas. El segundo hombre llevó el mensaje a la comunidad, y al cuarto día la Mujer Búfalo Blanco le mostró al pueblo lakota los rituales sagrados para mantener el balance del mundo y los ciclos naturales, así como la importancia de honrar y respetar la sacralidad. Ptesan Wi reivindica el ritual como algo esencialmente femenino, sacralizando lo cotidiano y tejiéndolo con lo divino.

Diosa de los sueños y las profecías, Caer Ibormeith pasa la mitad del año como una mujer, y el otro medio año como un cisne que nada en las aguas de Lough Dragon, sitio donde se borra la línea entre el mundo tangible y el onírico únicamente el día del año en que la diosa se transforma.

CAER IBORMEITH

Origen: **mitología celta**
Región: **Irlanda, Escocia y Gales**

MITO

Aengus Og, dios del amor, soñaba con Caer Ibormeith, de quien se enamoró perdidamente. La buscó en el mundo real, pero no logró hallarla, y fue perdiendo el interés en el mundo, sólo deseaba dormir para poder encontrarse con ella. Tres años después, Medb, una poderosa reina guerrera, le informó que su amada era la diosa de los sueños, y que la encontraría en el Lough Dragon. Aengus viajó hasta el lago, allí supo que Caer había tomado la forma de un cisne y nadaba al lado de otros ciento cincuenta bellos cisnes. Todos portaban un collar de oro, pero uno de ellos traía uno de plata, así que no dudó en proponerle matrimonio. Ella aceptó con la condición de que no la hiciera abandonar el lago. Desde entonces los amantes nadan en el lago mítico con la forma de dos hermosos cisnes. Los sueños y el mundo de lo onírico son un lenguaje que sólo puede ser leído a través de la intuición.

CARACTERÍSTICAS

Ceridwen es considerada como la gran hechicera celta, dueña del caldero primordial que representa la regeneración, pero también el útero materno y sus cualidades transformadoras. Se le considera la Bruja Madre, patrona de hechiceros y brujas. Entregada totalmente al conocimiento y estudio de lo oculto, se dice que resulta imposible mentirle o engañarla.

CERIDWEN

Origen: **mitología celta/galesa**
Región: **Gran Bretaña, Irlanda y Escocia**

MITO

Ceridwen tenía tres hijos, una niña bellísima y bondadosa, un niño valiente y sabio, y el último, monstruoso y sin talento alguno. La diosa preparó una poción que le daría un gran poder a este último. La poción tenía que prepararse durante un año y un día; sólo serían útiles las primeras tres gotas del líquido, así que encargó a dos jóvenes las tareas de vigilar la flama y remover constantemente el contenido del caldero. Antes de terminarla, del caldero saltaron tres gotas al brazo de uno de ellos, que se lo llevó a la boca para calmar el ardor. Al instante el poder y la sabiduría lo invadieron. Ceridwen lo persiguió para castigarlo, pero gracias a sus nuevos poderes, el joven pudo convertirse en liebre, la diosa se transformó en perro para perseguirlo; después él en pez, la diosa en nutria, y así sucesivamente hasta que transformado en grano de trigo, la diosa en gallina lo devoró. El mito de Ceridwen simboliza el poder transformador de la feminidad, a la vez que reivindica la aceptación de un futuro que siempre se presenta incierto.

Su nombre significa "la de la falda de jade", roca ornamental con la que estaba asociada, pues su color turquesa semejaba las aguas transparentes y calmas que Chalchiuhtlicue regía. Diosa del agua, también recibía y limpiaba a los recién nacidos, pues se relacionaba al líquido amniótico con ella. Aunque se le asocia a la tranquilidad y benevolencia del agua, también tiene la capacidad de crear huracanes.

CHALCHIUHTLICUE

Origen: **cultura mexica**
Región: **centro de México**

MITO

En la mitología mexica, el mundo tiene trece eras, y Chalchiuhtlicue regía sobre la cuarta, que terminó con un diluvio e inundación universales, de las que sólo pudieron salvarse aquellos que tenían la capacidad y pureza necesarias para convertirse en peces. Todos los elementos tienen una faceta creadora y otra destructora. La sabiduría de Chalchiuhtlicue nos enseña a mirar y honrar la dualidad y belleza del elemento acuático, su capacidad vital, así como su cualidad destructora.

En náhuatl "la que tiene su falda de serpientes". Madre de todos los dioses, es dadora de vida y muerte, su cabeza representa esta dualidad coronada con dos serpientes que se encuentran de frente. Tan atemorizante como protectora, ella ancla sus afiladas garras al suelo y con sus manos da seguridad y refugio materno.

COATLICUE

Origen: **cultura mexica**
Región: **centro de México**

MITO

Coatlicue guardó en su pecho una hermosa pluma que cayó del cielo y al hacerlo concibió a Huitzilopochtli, dios del Sol. El resto de sus hijos se sintieron ofendidos por este misterioso embarazo y decidieron asesinarla. Sin embargo el Sol nació armado y dispuesto a acabar con quienes fraguaron la muerte de Coatlicue, los que lograron escapar huyeron al cielo convirtiéndose en estrellas. Se dice que la vida y la muerte fluyen en las serpientes del atavío de Coatlicue y ella, madre de los dioses, nos guía en el devenir del renacimiento.

Diosa de la agricultura y las cosechas, Deméter presagiaba tanto abundancia en la siembra y cosecha, como fertilidad en las mujeres. Era representada como una matriarca joven, portando a menudo una ofrenda de espigas de trigo.

DEMÉTER

Origen: **cultura griega**
Región: **península de los Balcanes e islas del mar Egeo**

MITO

Heredera de la gran Madre Tierra, Gea, hija de Cronos y Rea, hermana y esposa de Zeus, con quien tuvo a Perséfone, que fue raptada por Hades y llevada al inframundo, donde es mantenida seis meses al año. Durante esos meses, la tristeza de su madre provocaba que las cosechas no dieran frutos y la tierra se marchitara, mientras los otros seis que podía volver con Deméter, la tierra volvía a ser fértil. Deméter nos enseña a transitar y saber reconocer los ciclos de la naturaleza en nosotras mismas.

CARACTERÍSTICAS

Eir es conocida como "la sanadora de los dioses", y en nórdico antiguo su nombre significa "misericordia". Es diosa de la sanación y la herbolaria. Habita en las montañas y se dice que sana a toda persona que haga el viaje hasta la cumbre en busca del remedio para su mal, no importa cuán grave sea su afección, Eir lo sanará; en especial si es una mujer.

EIR

Origen: **mitología nórdica y germánica**
Región: **Islandia, Gran Bretaña, Bélgica, Francia y Alemania**

MITO

Nacida de la ubre de Audumla, la vaca primigenia de la mitología nórdica, Eir es una divinidad anterior a los dioses más representativos del panteón nórdico, por lo que sus métodos de curación responden a la naturaleza antigua y no a la magia divina. Durante las batallas entre los dioses, Eir siempre busca refugio con Freya y sus valquirias, a quienes ha enseñado conocimientos sobre curación y plantas medicinales. La compasión y la misericordia son cualidades que suelen ser fácilmente desdeñadas por el poder. En cambio, la enseñanza de Eir es contemplarlas como características primordialmente femeninas y poderosas.

CARACTERÍSTICAS

Deidad protectora de los caballos, los jinetes y los animales de carga. El pueblo celta sentía una particular identificación con los caballos, pues consideraban su velocidad, fuerza y perseverancia como tres cualidades inseparables de su esencia cultural. Epona protegía también a los viajeros y peregrinos, pues se creía que servía como guía y salvaguarda de su camino.

EPONA

Origen: **mitología celta**

Región: **Irlanda, Escocia y Gales**

MITO

Aunque los orígenes de esta diosa son misteriosos y las fuentes escasas, se dice que es hija de una yegua y un hombre, y que ella misma puede transformarse en una hermosa yegua pelirroja. Los viajes siempre son misteriosos; Epona nos recuerda que dar cobijo, cuidado y guía a quien los emprende es una cualidad divina y un acto sagrado.

También conocida como "señora del viento", Feng Po Po rige al viento y todo lo relacionado con el elemento aire. Montada en el lomo de un hermoso tigre surca los cielos esparciendo ventiscas, brisas o tempestades.

FENG PO PO

Origen: **cultura china**
Región: **China**

MITO

En los días en los que el viento es tranquilo, se dice que la diosa lo lleva en una bolsa que trae siempre consigo, y que pasea delicadamente sobre las nubes sin apenas crear una ligera brisa a su paso. Mientras que cuando hay fuertes ventiscas es muy probable que Feng Po Po, malhumorada, haya derramado todo el viento posible sobre la Tierra. Esta diosa de la cultura China reivindica la delicadeza como un aspecto no sólo de la divinidad, sino del poder.

Freya era a menudo descrita como "una belleza inigualable" y la más bella de todos los dioses. Paradigma de la feminidad, escucha y atiende las oraciones de los amantes y enamorados. Además de regir sobre el amor, también es la diosa asociada a la belleza, la fertilidad y los placeres.

FREYA

Origen: **mitología nórdica y germánica**

Región: **Islandia, Gran Bretaña, Bélgica, Francia y Alemania**

MITO

Dija del dios Njord y de la diosa Nerthus, hermana de Frey, uno de los papeles más importantes de Freya en la mitología nórdica fue como mediadora entre la guerra de los dos bandos de dioses, logrando gracias a su intervención, la paz entre las divinidades. Tras atestiguar esto, Odín, el principal dios nórdico, la nombró líder de las valquirias, doncellas hermosas y semidivinas que pasean por los campos de batalla eligiendo a las almas más valientes para vivir con ellas en el Gran Salón del Asgard. Con buen juicio y capacidad conciliadora, Freya muestra que el camino del amor también se revela a través de la paz.

CARACTERÍSTICAS

Ganga es la encarnación femenina del Ganges, el río sagrado de la India. Desde su nacimiento en las heladas aguas que bajan del Himalaya, hasta la costa de Bengal, donde desemboca, Ganga es venerada como deidad dadora de vida, de bendiciones, de limpieza y renovación. Es importante en todas las ceremonias hinduistas, desde ritos de nacimiento e iniciación, hasta matrimonios y funerales.

GANGA

Origen: **religión hinduísta**
Región: **India**

MITO

Se le representa como una bella mujer a menudo montada sobre Makara, su cocodrilo sagrado. Un día Vishnu, el dios bondadoso, mientras escuchaba la música más hermosa comenzó a mover los pies al ritmo del sonido, y sus pies comenzaron a derretirse y fluir, primero, como un suave cauce y después como una corriente intempestiva, dando origen al río Ganges y a su encarnación, la diosa Ganga. El agua es el conductor universal, y lleva no sólo vida, también es capaz de limpiar y renovar todo lo que toca.

Guanyin es un Bodhisatva, divinidad del budismo que representa a un ser orientado a la iluminación y la sabiduría, que encarna la compasión y la misericordia; aunque gracias a sus actos bondadosos y desinteresados ha logrado liberarse del ciclo del Samsara (nacimiento-muerte-reencarnación), eligió no renunciar a su encarnación hasta que todos los seres sean igualmente libres de sufrimiento.

GUANYIN

Origen: **religión budista**
Región: **China**

MITO

En su forma humana fue una princesa llamada Miao Shan. Su padre pretendía casarla con un hombre poderoso para favorecer a su reino. Ella sólo quería convertirse en monja budista. El rey la desconoció y exilió. Años después, su padre, enfermo y a punto de morir, recurrió a un monje que le dijo que el único antídoto para su mal se podía preparar con los ojos y brazos que alguien le cediera voluntaria y desinteresadamente. Nadie quiso, el monje le reveló la existencia de un ser iluminado, una monja que habitaba la cima de una montaña. La misma Miao Shan se arrancó desinteresadamente los ojos y los brazos para sanar a su padre. Después el rey se convirtió en practicante y devoto budista, siguiendo a su hija hasta la montaña, donde la esperaban miles de personas. Le fueron devueltos sus ojos y brazos, convirtiéndose así en Guanyin, la divinidad de la compasión y misericordia. Lo que reivindica la compasión como la forma más radical de empatía. Comprender el sufrimiento ajeno nos libera del propio.

CARACTERÍSTICAS

Deidad de la muerte y el inframundo, de herencia gigante, Hel es descrita como un ser lo mismo bello que horroroso, con la mitad del cuerpo viva, tibia y bella, y la otra mitad helada, muerta y putrefacta. Habita en lo más profundo del inframundo, y cuando sale de éste hacia Midgard, el mundo de los hombres, lleva consigo muerte y tragedia.

HEL

Origen: **mitología nórdica y germánica**
Región: **Islandia, Gran Bretaña, Bélgica, Francia y Alemania**

MITO

Hija de Loki y Angrboda, ambos de ascendencia gigante, Hel estaba destinada a ser enemiga de los dioses, pero al enterarse de esto, Odín, dios principal de la mitología nórdica, la envió a las profundidades del inframundo, donde la nombró líder y regente del lugar, al que nombró como a ella, Hel. Esta diosa nos recuerda que hemos de admirar la muerte y el horror tanto como la vida y la bondad, pues en honrar ambas partes se encuentra el balance de la existencia.

Hestia es la diosa griega del hogar doméstico, y está presente en el fuego sagrado de cada casa, proporcionando unión y protección a sus habitantes. Aunque el culto de esta diosa fue muy modesto y discreto comparado con otras deidades, fue central en la vida cotidiana de la Grecia Antigua, pues había un altar para ella prácticamente en cada casa y templo. Llama que arde en medio de la oscuridad.

HESTIA

Origen: **cultura griega**

Región: **península de los Balcanes e islas del mar Egeo**

MITO

Hija de Cronos y Rea, hermana mayor de Zeus. Poseidón, dios del mar, y Apolo, dios del Sol, pretendieron a Hestia por mucho tiempo, pero ella los rechazó y realizó un voto de castidad, evitando así una batalla entre ambos dioses. En agradecimiento, Zeus le concedió el honor de ser venerada como el centro de cada hogar griego. La sencillez del culto de Hestia simboliza la humildad necesaria para encarnar el poder divino.

Diosa de la luna, asociada a la marea, los arrecifes de coral, la pesca y el surf. Cuando desciende de su hogar celeste habita una cueva detrás de la cascada arcoíris, en el río Wailuku, en la isla de Hawái.

HINA

Origen: **cultura polinesia**
Región: **Hawái y otras islas polinesias**

MITO

Aunque Hina es nieta de Kai-uli y Kai-kea, los mares oscuro y luminoso respectivamente, se dice que nació por sí misma, sin padre o madre, su origen fue autónomo. Estuvo casada con el dios Kanaloa, con quien concibió a Maui, héroe y semidiós. Sin embargo, durante su matrimonio, Kanaloa obligaba a Hina a encargarse de todas las tareas del hogar, mientras él descansaba. Durante una noche de luna llena, la diosa vio un hermoso arcoíris nocturno, que descendía desde la luna hasta la playa, e inmediatamente lo interpretó como una señal de liberación. Corrió hacia él, al tocarlo parecía sólido, así que comenzó a escalarlo. Kanaloa intentó trepar para seguirla; el arcoíris no lo sostuvo. Hina pudo escapar subiendo hasta la luna, donde no sólo se quedó a vivir, sino también se convirtió en su diosa. Este mito reivindica el libre albedrío y la autonomía como atributos que, si bien pueden estar ocultos bajo otros paradigmas, son inherentes a la feminidad.

Ishtar es la Gran Diosa, el gran divino-femenino responsable de la creación y el origen de la vida, profundamente conectada con las fuerzas de la naturaleza y, por ende, de la fertilidad, aunque también honra las diversas formas de placer físico, en especial las relaciones eróticas.

ISHTAR

Origen: **cultura babilónica**
Región: **golfo Pérsico, Irak**

MITO

Uno de sus símbolos es la estrella de ocho puntas, como metáfora de Venus, estrella del amanecer y único astro capaz de hacerse presente durante el día y brillar aun a pesar de la luz solar. Así, Ishtar se erguía cada mañana sobre Babilonia, hasta el día en que se le ocurrió descender al inframundo, donde no tuvo más remedio que enfrentar su propia muerte, acarreando con su ausencia infortunio e infertilidad sobre los vivos, hasta que el resto de los dioses la hicieron volver a la vida con agua sagrada. La sabiduría también se encuentra en el placer, y aprenderlo desde el gozo y la dicha es un camino más para conocernos a nosotras mismas.

Es la primera diosa-madre de una civilización y deidad femenina principal del panteón egipcio. Representada por Sirio, la estrella más brillante de la bóveda celeste. Isis termina con la temporada de sequía en el momento en que Sirio vuelve a brillar con fuerza en el cielo nocturno, haciendo rebosar de agua y vida el río Nilo y todo a su alrededor. Personificación de la tierra fecunda e iniciadora del mundo.

ISIS

Origen: **cultura egipcia**

Región: **Egipto y toda la franja del río Nilo**

MITO

Hija de Geb (Tierra) y Nut (bóveda celeste), Isis, siempre atraída hacia los misterios del mundo y lo oculto, a sabiendas de que Ra, el dios solar, era poseedor de un gran poder y conocía dichos misterios, decide engañarlo para que le revele el último de sus doce nombres secretos y poder robarle un poco de su poder. Por medio de un conjuro dio forma de serpiente a un puño de tierra y le ordenó que mordiera a Ra justo en el corazón, donde sabía que guardaba su nombre secreto, convirtiéndose así en la creadora de la primera serpiente. Desesperado por conseguir el antídoto conocido sólo por Isis, Ra reveló su secreto a la diosa, y desde ese momento ella fue la portadora de los secretos del dios Sol. Isis nos recuerda que la sabiduría verdadera es un balance entre conocimiento y misterio.

Diosa lunar, del agua y la lluvia. Ixchel gobierna también sobre el nacimiento, pues es una experta partera, curandera y conocedora de todos los saberes ocultos sobre la vida y la muerte. Simbolizada por la serpiente que corona su cabeza, en las representaciones también se le ve acompañada a menudo de un conejo como símbolo lunar y de la fertilidad.

IXCHEL

Origen: **cultura maya**

Región: **sureste de México, Guatemala, Belice, Honduras y El Salvador**

MITO

Antes de convertirse en la diosa lunar, Ixchel fue una hermosa mujer pretendida por innumerables hombres, entre ellos Itzamná, príncipe y sacerdote maya, del cual ella también estaba enamorada. Sin embargo, un hombre perteneciente a otro imperio también pretendía desposarla, por lo que decidieron enfrentarse en un duelo a muerte para reclamar su amor. Aunque Itzamná era un hábil guerrero y estuvo a punto de vencer a su contrincante; al final fue asesinado tramposamente por su oponente. Al ver a su amado morir, Ixchel, en un ataque de profunda tristeza, se quitó la vida. Los dioses fueron testigos de este hecho y, apiadándose de los amantes, bendijeron sus almas convirtiéndolos en el dios del Sol y la diosa de la Luna, elevándolos al cielo donde al fin pudieron unir sus almas por siempre. La vejez es uno de los aspectos más esenciales de la feminidad, pues no hay conocimiento suficiente que pueda compararse con el de la ancianidad y la experiencia femeninas.

Protectora de los suicidas, en especial de los ahorcados, así como de las mujeres muertas en el parto y las víctimas sacrificiales. Ixtab guiaba sus almas hasta el paraíso, en la copa del gran Árbol del Mundo, donde su acto de valentía y sufrimiento sería recompensado habitando el paraíso por toda la eternidad.

IXTAB

Origen: **cultura maya**

Región: **sureste de México, Guatemala, Belice, Honduras y El Salvador**

MITO

Ixtab podía tomar también la forma de una mujer joven y bella, y a menudo lo hacía para conducir a los hombres a la selva, donde los seducía y hechizaba hasta perderlos en lo más profundo, desvaneciéndose entre la vegetación. Ellos, perseguidos por el recuerdo de Ixtab, se volvían locos y vagaban en la selva, de donde raramente volvían. La muerte voluntaria es otra forma de volver a los ciclos perpetuos de la naturaleza; su entendimiento y aceptación es una forma de sabiduría que nos regala Ixtab.

Diosa de la creación y la muerte, también conocida como "la que invita". Izanami, junto con su hermano gemelo y amante Izanagi, surgieron de la nada para separar el cielo y la tierra, también hicieron nacer del mar primigenio la primera isla de Japón, Onogoro, donde construyeron el Pilar del mundo, que unía al cielo y la tierra.

IZANAMI

Origen: **mitología sintoísta**
Región: **Japón**

MITO

Izanami fue la madre de muchos dioses: del aire, del agua, de los árboles, entre otros, pero cuando estaba dando a luz al último, el dios del fuego, murió durante el parto, y tras fallecer se convirtió en la diosa del inframundo. Aunque Izanagi la siguió hasta el lugar de la noche perpetua, ella ya había consumido la comida del inframundo, así que le era imposible volver; con ello su esposo entendió que su estancia en el inframundo completaría el ciclo de la existencia. Desde entonces Izanami rige y vive sobre el mundo de los muertos. La muerte como parte del ciclo de la existencia implica siempre una renuncia; Izanami simboliza la capacidad de desprendimiento para que el proceso vida-muerte siga su curso.

Con sus tres ojos, Kali es capaz de ver al mismo tiempo pasado, presente y futuro. Y con cada una de sus cuatro manos lleva a cabo una tarea fundamental: alejar el miedo, bendecir a sus fieles, portar un cuchillo protector y sostener una cabeza decapitada como símbolo de su protección y justicia infalibles. Diosa de la muerte y la destrucción, pero también de la regeneración, su ira siempre es transformadora.

KALI

Origen: **religión hinduista**
Región: **India**

MITO

Tras una interminable batalla contra varios demonios, los dioses, incapaces de restablecer la paz en el universo, crearon a Durga, una poderosa diosa armada montada en un león, que aunque logró vencer a la mayoría, al final, rebasada en número por los demonios, llena de ira, hizo nacer a Kali de su ceño fruncido, quien nació también armada y aún más poderosa que Durga. Derrotó a todos y bebiendo la sangre del último demonio, al fin pudo restaurar la paz. Las emociones más intempestivas y feroces están ahí para acompañar nuestros instintos y deseos más profundos, debemos escucharlas, no temerles, y aprender a conocer su origen y lo que nos revelan sobre nosotras mismas.

Lilit, según la tradición judaica del Antiguo Testamento fue la primera mujer creada por Dios, de carácter independiente y rebelde. Se le asumía como una diosa-madre en su faceta destructora y terrible, posteriormente su papel en la mitología fue mutando hacia una deidad demoniaca, arquetipo femenino de la seducción y la fatalidad.

LILIT

Origen: **judaísmo**
Región: **Medio Oriente**

MITO

Lilit y Adán fueron creados a imagen y semejanza de Dios, y complemento el uno del otro. Vivían en el Edén, pero peleaban constantemente, Adán pretendía dominar a Lilit; ella nunca se sometía, lo que daba lugar a innumerables conflictos. Un día Lilit pronunció el nombre más inefable de Dios, que estaba prohibido nombrar, elevándose así sobre el paraíso para salir de él. Se dirigió a la costa del mar Rojo, donde habitó una cueva y tomó por amantes a todos los demonios que vagaban por el mundo, dando a luz a muchos demonios más que poblaron la Tierra. Adán, al darse cuenta de su huida, se quejó con Dios y le pidió que la trajera de vuelta. Tres fueron los ángeles que salieron en su búsqueda, que ante la negativa de Lilit, amenazaron con asesinar a sus hijos; ella no sólo reafirmó su negativa de volver, también se proclamó como la destinada a seducir a los hombres en sus sueños y arrebatar las almas de los infantes del mundo. Es así como esta deidad arcaica reivindica la dualidad oscuridad-luz.

Mawu, diosa de la Luna, guía a todos los seres vivos al descanso, la alegría y los sueños que trae consigo la noche, donde siempre procura un periodo de renovación diario para toda la creación, trayendo consigo la frescura nocturna en contraposición a las altas temperaturas y el momento de actividad y trabajo que se lleva a cabo durante todo el día.

MAWU

Origen: **cultura fon**
Región: **Benín**

MITO

Llegó al mundo montada sobre Da, la serpiente cósmica, y creó durante el camino montañas, valles y ríos que siguen las formas del serpenteo al paso de Mawu sobre Da. Tras haber creado las formas del mundo y a todos los seres vivos para habitarlas, le pidió a la serpiente que sostuviera con su cuerpo todo el peso de la creación bajo tierra, mientras ella cuidaba el mundo contemplándolo desde el cielo nocturno como diosa lunar. El reposo y la tranquilidad son parte sustancial de todos los seres vivos, tanto para renovar fuerzas como para aprender a contemplar la existencia desde la quietud.

Conocidas como las diosas del destino, las Moiras son tres hermanas, hijas de la noche, a las que Zeus les otorgó tanto el poder como el deber de repartir la felicidad y la desgracia entre los humanos, además de fijarlas como un destino inevitable en cada una de las vidas mortales. Sus nombres: Cloto, Láquesis y Átropos asisten a cada nacimiento para establecer el destino que regirá la vida de cada persona.

MOIRAS

Origen: **cultura griega**
Región: **península de los Balcanes**
e islas del mar Egeo

MITO

El hilo del destino, que sostienen entre las tres comienza con el nacimiento y termina cuando una de ellas lo corta para poner fin a la existencia de una persona. Sólo una vez las Moiras han estado dispuestas a cambiar el destino de un humano. Y fue otro dios, Apolo, que bajó al inframundo a suplicar por la vida de su amigo, el rey Admeto, a quien se le estaba terminando el tiempo de vida según habían establecido las diosas del destino. Ellas aceptaron con la única condición de que alguien tendría que morir por voluntad propia a cambio de la vida de Admeto; Apolo aceptó, pensando que sería alguno de sus ancianos padres quienes se sacrificarían; sin embargo, la única persona dispuesta fue Ascletes, esposa de Admeto, sacrificándose por amor. Con absoluta seguridad y firmeza las Moiras tratan a la muerte, enseñándonos que la aceptación de lo inevitable es una virtud sagrada.

CARACTERÍSTICAS

Diosa sumeria de las aguas primordiales y de todos los océanos, fuente de donde emergió toda la creación y primera deidad nombrada por la mitología universal. Nammu es la primera diosa madre de la humanidad, por lo cual está aún profundamente asociada a la naturaleza más salvaje y misteriosa, representada por la serpiente. Se le simboliza con un ideograma marino.

NAMMU

Origen: **cultura sumeria**

Región: **Oriente Medio, cauce de los ríos Éufrates y Tigris**

MITO

Antes de la creación de la humanidad, los dioses tenían que trabajar la tierra de sol a sol, por lo que un día, cansados del extenuante trabajo, se quejaron con Nammu y pidieron que les diera una solución o sustituyera de alguna manera su esfuerzo con otra fuente de trabajo. Ella, también simbolizada como una mujer con cabeza de serpiente, recogió sus lágrimas y con ellas amasó un trozo de arcilla, creando así a los primeros seres humanos. Nammu simboliza todos los misterios que implica la existencia misma, y reivindica el desconocimiento y límite de la humanidad ante las fuerzas y misterios de la naturaleza.

CARACTERÍSTICAS

Nike, diosa de la victoria, sobrevuela las contiendas como personificación del éxito, fortuna y victoria, ya sea en el ámbito de la guerra, el deporte e incluso las artes, en particular de la música. Más allá de ser una manifestación divina, la diosa Nike es la encarnación etérea del deseo de triunfo. Sus alas simbolizan la fluidez del movimiento y la ligereza con que debe llegar la buena fortuna.

NIKE

Origen: **cultura griega**
Región: **península de los Balcanes e islas del mar Egeo**

MITO

Se dice que Zeus reclutó a Nike en la guerra contra los Titanes por el control del Monte Olimpo. La diosa sobrevoló la batalla recompensando los actos más heroicos y hábiles, dando de beber a los soldados y purificándolos con incienso. Nike nos recuerda que más allá del honor en el triunfo, la buena fortuna la obtenemos al saber hallar la verdadera recompensa en el camino, más allá del fin.

Las Ningyo son deidades sirenas que habitan las profundidades del mar, con cola de pez, torso humano y larga cabellera negra, ellas alejan el infortunio y llevan paz a quien las honra.

NINGYO

Origen: **mitología japonesa**
Región: **Japón**

MITO

Las Ningyo rara vez son vistas por los humanos, pues son seres tímidos y acostumbrados a las aguas frías de las profundidades marinas, sin embargo, de vez en cuando se les puede ver cerca de la costa. Se cuenta que alguna vez un marinero capturó una y la sirvió como pescado en una reunión, pero uno de los invitados se dio cuenta alertando a todos de no comerla; sin embargo, una joven ya había tragado un bocado, y aunque al principio pareció que no tuvo ningún efecto sobre ella, con el pasar de los años se le seguía notando en plena juventud, sin ningún rastro del paso del tiempo en su cara o cuerpo. Se dice que la joven vivió ochocientos años y de ahí surgió la idea de que al comer carne de Ningyo se conseguía la belleza y juventud eternas. Este mito relata cómo lo que en principio puede parecer frío y distante puede estar ocultando un misterio y belleza sagrada e inasequible.

Su nombre significa "noche", y es la diosa del firmamento nocturno, la madre de todas las estrellas y cuerpos celestes, de importancia esencial en el panteón egipcio pues basaron gran parte de su vida ritual y espiritual en el estudio e interpretación de los astros. Representada como una inmensa mujer con el cuerpo curvado y apoyando la punta de sus pies y manos sobre la Tierra, Nut engullía y daba a luz a sus hijos, los astros, en un ciclo sagrado e infinito.

NUT

Origen: **cultura egipcia**

Región: **Egipto y toda la franja del río Nilo**

MITO

Hija de Shu (aire) y Tefnut (humedad), Nut amaba y copulaba continuamente con Geb, su hermano, amante y dios de la Tierra, sobre el cual se tendía en toda su infinitud, quedando embarazada al poco tiempo. Ra, deidad solar suprema, al enterarse y temiendo que hiciera nacer a un dios más poderoso que pudiera derrocarlo, maldijo a Nut para que no pudiera dar a luz. Nut, asustada, acude en busca de ayuda con Toth, dios de la sabiduría, quien decide retar a una partida de senet (juego de mesa inventado por los dioses) a Khonsu, deidad lunar, pidiéndole, si lo derrotaba, cinco días de luz lunar a cambio. Khonsu accedió y al final de la partida le concedió la luz a Toth, quien los usó para sumarlos al calendario que entonces contaba con 360 días, para que en esos cinco días lunares pudieran venir al mundo los cinco hijos de Nut: Osiris, Isis, Set, Neftis y Horus. Nut reivindica la noche y los astros como merecedores de contemplación, estudio y sabiduría.

CARACTERÍSTICAS

Diosa de los vientos y las tempestades, Oya también custodia la entrada a los cementerios, por ello es un vínculo divino entre la humanidad y sus antepasados, de quienes ampara las emociones más intempestivas, en especial si son femeninas. Siempre honra la justicia, la verdad y la memoria.

OYA

Origen: **religión yoruba**

Región: **Caribe y algunas partes de África occidental**

MITO

Su mitología se remonta al occidente africano, en Nigeria, donde se le veneraba además como la diosa del río Níger y su culto migró de la mano de la esclavitud negra hasta América, donde para evitar persecuciones, los yoruba amalgamaron a Oya con santa Teresa, donde se la sigue adorando hasta el día de hoy. Debemos abrazar y aceptar nuestras emociones más dominantes e intempestivas cuando es necesario, para caminar los senderos más oscuros.

CARACTERÍSTICAS

Pachamama, más allá de ser una diosa madre, es la Tierra misma, que sustenta y cobija, la matriz de la que emerge toda la vida. Los cerros y las montañas son su casa y su manifestación, la naturaleza entera su templo. Es también la deidad principal de la mitología andina. Su culto sigue vivo con rituales y fiestas en su honor, sobre todo en las zonas cercanas a cerros y montañas.

PACHAMAMA

Origen: **cultura inca**

Región: **Perú, Bolivia, Chile y algunas regiones de Argentina**

MITO

Pachamama, que estaba casada con Pachamamac, dios del cielo, enviudó muy joven, cuando sus dos hijos mellizos, los Wilcas, aún eran niños. Tras la muerte de su esposo, el cielo se cubrió de penumbras; ella y sus hijos navegaron hasta una isla cercana donde resplandecía la única luz en el horizonte. Al llegar vieron que era habitada por un hombre llamado Wakon, que desde su llegada pretendía seducir a Pachamama. Ante las negativas terminó asesinándola y devorando la mitad de su cuerpo, la otra mitad la sepultó bajo tierra en una vasija. Al darse cuenta los Wilcas del terrible incidente escaparon, y ayudados por una zorra y un ave, lograron tenderle una trampa a Wakon y finalmente asesinarlo. Los gemelos subieron al cielo trepando por una cuerda enviada por su padre, Pachamamac, que los convirtió en el Sol y la Luna. Pachamama renació también como la gran diosa madre, la Tierra viviente. Pachamama reivindica las manifestaciones de la naturaleza como sitios sagrados y merecedores de veneración tanto como la misma deidad.

Muy conocida también como Uma, Parvati es la diosa madre del hinduismo y deidad de la fertilidad, el amor y la devoción. Poseedora de tantas virtudes como nombres, se dice que hay más de mil maneras de invocarla. Siempre justa, bella y benevolente, suele sostener en una de sus manos una flor de loto, símbolo de pureza y eternidad, mientras con la otra crea un mudra, gesto sagrado.

PARVATI

Origen: **hinduismo**
Región: **India**

MITO

En algún momento de la creación, Shiva, el dios destructor, se alejó de sus deberes, abandonando todo tipo de vínculos y relación con el mundo, lo cual trajo desequilibrio y caos, pues dejó de lado sus tareas como dios. El resto de los dioses, preocupados llamaron a la diosa Satí para que, a través de ella y su poder seductor, Shiva volviera en sí, y aunque logró seducirlo y contrajeron matrimonio, el resto del mundo no estaba preparado para venerar al poder femenino; se separó de la vida prendiéndose fuego y Shiva volvió a su estado de aislamiento por mucho tiempo, hasta que Brahma, el dios creador, suplicó a la diosa que volviera. Satí decidió renacer como Parvati; imponiendo su poder y belleza logró rescatar a Shiva y con él al resto del mundo. Uno de los aspectos más poderosos de la feminidad es la persuasión, y saber usarla para el bien común es una virtud divina.

Diosa hawaiana del fuego en su forma volcánica. Habita los pasajes subterráneos del volcán Kilauea, el más grande de la isla y uno de los más activos. El poder del volcán representa su fuerza y su belleza así como su más tangible manifestación. Deidad principal de la mitología isleña, Pelé, siempre impredecible, era objeto de rituales y ofrendas para apaciguar un poco su intenso temperamento.

PELÉ

Origen: **cultura polinesia**

Región: **Hawái y otras islas polinesias**

MITO

Se le representa y honra también como personificación de las fuerzas creadoras que dieron lugar al nacimiento de la isla. Namaka, diosa de las olas y hermana de Pelé, que entonces sólo era diosa del fuego, intentó convencer a su madre, Haumea, diosa de la Tierra, de desterrarla, pues según ella, sería incapaz de controlar su poder y fuerza destructora. Al enterarse, la diosa del fuego la confrontó dando lugar a una intensa pelea, de la que Pelé resultó herida de muerte. Sin embargo, al poco tiempo, renació con más fuerza, ya no sólo como la diosa del fuego, sino como su más poderosa manifestación: el volcán. Al reencarnar, Pelé al fin encontró su lugar en el gran volcán Kilauea, donde sigue siendo venerada actualmente. Pelé resignifica el poder de confrontación al convertirlo en una forma de acercarse a la esencia y significado verdadero de las cosas.

Diosa romana de los frutos, se le honraba entre la primavera y el otoño, cuando la mayoría de los árboles y arbustos frutales florecían. Era representada como una mujer muy bella y joven, siempre sonriente, dispuesta a regalar y compartir sus frutos. Se decía incluso que cuando cerca de alguien caía la fruta de un árbol era la diosa Pomona haciéndole un regalo.

POMONA

Origen: **cultura romana**

Región: **Europa mediterránea y península Ibérica**

MITO

Pomona fue cortejada tanto por mortales como por dioses, entre los que se encontraban Pan y Priapo, ambas deidades relacionadas con la fertilidad, por lo que se sentían sumamente atraídos a esta diosa dadora de vida. Pero ella los rechazaba a todos por igual, así fueran ricos, bellos o poderosos, pues sólo estaba interesada en rondar los huertos y propiciar su fertilidad. Un día, Vertumno, dios del otoño, se disfrazó de anciana para acercarse a Pomona; haciéndole cumplidos y mimos hasta que se ganó su amistad y confianza, fue en ese momento cuando se reveló como él mismo. En este punto, Pomona, que estaba encantada con la atención que le había dado Vertumno, aunque fuera disfrazado, terminó enamorándose de él, así fue como la diosa de los frutos y la encarnación del otoño se unieron. La sabiduría de Pomona consiste en entender el carácter sagrado del don y la dádiva.

Esta diosa representa el espíritu del reno siberiano, un animal que ha acompañado a las etnias del norte de Rusia durante cientos de años en el desarrollo de su cultura. Esta deidad es símbolo de todos los aspectos del animal, en particular de las hembras, a las que se les considera particularmente sabias, pues son ellas las que guían y lideran al rebaño o manada entera.

RENO

Origen: **mitología siberiana**
Región: **Rusia oriental**

MITO

A Reno también se le considera protectora de los recién nacidos y encarnación de los ancestros. Las astas del reno hembra representan la fuerza de la diosa, pues es una de las pocas especies que cuentan con hembras cornadas, además de que su cornamenta es más longeva que la del macho. Por lo anterior, cuando una hembra de reno muere siendo anciana sus astas se consideran sagradas, en ellas está toda su esencia. De ellas se talla una estatuilla que representa el espíritu de la diosa como matriarca, que se venerará en el altar familiar durante muchas generaciones. La cualidad más relevante de la diosa Reno es mantener vivo el sentido de comunidad e invocarlo como una poderosa fuerza protectora.

Diosa del mar y regente del Adlivum, el inframundo inuit. Sedna habita las profundidades marinas en una casa de piedra y esqueletos cetáceos, siempre pendiente y protectora de las almas de los mamíferos marinos, a quienes cuida con especial atención, mientras vigila que los humanos rindan debido tributo cuando se les caza.

SEDNA

Origen: **cultura inuit**

Región: **Canadá, Alaska y regiones árticas**

MITO

Sedna era una joven y hermosa mujer que rechazaba cada pretendiente que su padre tenía pensado para ella. Éste, enfurecido por la situación, la lleva en su kayak mar adentro para arrojarla por la borda. Aunque Sedna se resiste aferrándose al borde de la canoa, le corta los dedos y la ve hundirse hacia las heladas profundidades marinas. Momentos después, los dedos amputados de la joven se convirtieron poco a poco en miles de focas, ballenas, morsas y peces que alimentarán al pueblo inuit para siempre. A Sedna le creció una hermosa cola de pez y se convirtió así en la diosa de las profundidades y el océano. La protección de Sedna ante los animales es un recordatorio de que el amor compasivo puede expresarse hacia todas las formas de vida.

Sejmet, la diosa leona, es una de las deidades femeninas más antiguas de la mitología universal. Conocida con muchos nombres como "la flameante", "la poderosa" y "la gran sanadora", encarna la ira, la fuerza femenina del Sol y la expresión de su potencia, tanto sanadora como destructiva, por lo cual era temida al mismo tiempo que venerada. Su personalidad de leonesa es protectora con quienes ama.

SEJMET

Origen: **cultura egipcia**

Región: **Egipto y toda la franja del río Nilo**

MITO

En el principio la humanidad vivía en armonía pues Ra, el dios solar, les había otorgado la sabiduría y dominio sobre la Tierra; tiempo después se volvieron arrogantes y ambiciosos, hasta pretender derrocar a los dioses. Ra convocó a Sejmet, la poderosa leona y diosa de la ira, para destruir ciudades y pueblos. La diosa arrasó y bebió la sangre de miles, aunque los humanos se arrepintieron, pidieron perdón y Ra se apiadó de ellos, Sejmet se negó a detenerse, su instinto depredador se había apoderado de ella. Ra encargó a las mujeres de un pueblo mezclar ocre rojo con cerveza y así engañarla para que la tomara pensando que era sangre. Lo hizo hasta caer dormida, entonces Ra la elevó al cielo y la meció para calmar su ira. En honor a la lección que le dio Sejmet a la humanidad, cada año se celebra la fiesta de la embriaguez, donde todos beben cerveza teñida de rojo. Sejmet nos recuerda que la ira tiene la capacidad de transformarse en el mejor impulso creativo, pues conlleva potencia.

Hija de Titanes y personificación de la Luna, el culto a Selene se desarrolló a la par del interés por la astronomía. Más que una deidad se le consideró la encarnación del astro lunar, siendo hasta la llegada del imperio romano que se instauró como deidad lunar en su totalidad. Patrona de los pescadores y navegantes, Selene, recorría la bóveda celeste sobre un toro, cuyos cuernos se asociaban con la Luna creciente.

SELENE

Origen: **cultura griega y romana**

Región: **península de los Balcanes, islas del mar Egeo, región mediterránea y península Ibérica**

MITO

Selene se enamoró de Endimión, un humano semidivino (nieto de Zeus), que solía dar paseos nocturnos y mirar la Luna hasta quedarse dormido sobre la hierba, sin saberlo, ambos estaban enamorados del otro, pues mientras la diosa admiraba su belleza él paseaba y dormía a la luz de la Luna. Una noche en que ella descendió del cielo para contemplarlo de cerca, él despertó y ambos se confesaron su amor. Sin embargo, con el paso del tiempo, Endimión, sabiéndose mortal y temiendo la inevitable separación con su amante, recurrió a los dioses pidiendo la inmortalidad. Zeus conmovido por el amor de ambos le concedió la vida y juventud eternas mientras estuviese dormido. Así fue como Selene y Endimión continúan amándose cada noche en que la diosa desciende a la Tierra para admirar a su amante en su eterno sueño. Selene reivindica la contemplación de la belleza como un acto esencialmente amoroso, definiéndolo como un acto desinteresado y absoluto.

Diosa del invierno y las montañas, Skadi rige sobre todos los lugares cubiertos de nieve. Protectora de las mujeres guerreras y solitarias, de los cazadores y los viajeros invernales. Hija de gigantes, era hermosa tanto como habilidosa en la caza con arco, arma que regaló a la humanidad junto con la sabiduría para saber usarla.

SKADI

Origen: **mitología escandinava**

Región: **península escandinava**
(Suecia y Noruega)

MITO

Tras el asesinato de su padre en manos de los Aesir, dioses nórdicos, Skadi emprende un viaje hacia Asgard para buscar venganza, pero los dioses, sabiendo de su fuerza en combate, le proponen saldar la deuda compensando la muerte del padre con un matrimonio a elegir con cualquiera de los dioses, con la única condición de que lo debe elegir viendo sólo los pies de los candidatos. Así, Skadi, deseando elegir al dios Baldr, escoge los pies más bellos, sólo para decepcionarse al saber que pertenecen a Njord, dios del mar. Aunque desilusionada, Skadi lo toma por esposo, pero a la larga, las incompatibilidades entre un dios marino y una diosa invernal son más que evidentes, por lo que el matrimonio termina disolviéndose. Apreciar los momentos más indómitos y salvajes de la naturaleza es una manera de honrar la dualidad presente en toda la creación.

Tiamat, la encarnación del caos primordial oceánico, la primera madre del universo, creadora e iniciadora de todo lo que existe a partir del agua. Las pocas representaciones de esta deidad la revelan como un monstruo marino, una mujer dragón que mantiene las aguas en perpetuo movimiento.

TIAMAT

Origen: **mitología mesopotámica**

Región: **golfo Pérsico y cauce de los ríos Tigris y Éufrates**

MITO

Tiamat creó el cosmos a través de su sagrada unión con Apsú, dios del agua dulce, dando a luz a la primera existencia a partir de la mezcla de agua dulce y salada. La enseñanza de Tiamat radica en reconocer el caos como un elemento necesario para el impulso creativo y el origen de las cosas.

Se dice que es la encargada de repartir el tiempo, pues a través de su posición en el cielo se puede calcular el momento del día y los cambios estacionales. Aunque en la mayoría de las culturas la deidad solar es masculina, el pueblo cherokee considera que las cualidades solares, como la fuerza y el poder, las encarna el lado más sagrado de la feminidad.

UNELANUHI

Origen: **cultura cherokee**

Región: **sudeste de los Estados Unidos**

MITO

Antes de que existiera la humanidad, Unelanuhi vivía al otro lado del mundo, en un sitio inhóspito e inhabitado. Los animales llevaron a cabo un concilio para hallar la manera de elevarla en el cielo y que así iluminara el mundo. La zarigüeya intentó asirla, pero sólo logró quemarse la cola, al igual que el zopilote que terminó con las plumas de sus garras totalmente calcinadas. Sólo la abuela araña Kanene Aki Amai Yehi logró tomarla con uno de sus hilos; tejió entonces una telaraña en lo más alto del cielo y elevó a Unelanuhi, desde donde pudo iluminar al resto de la creación con sus rayos solares. El carácter de Unelanuhi revela al astro solar una fuerza poderosa y absoluta, así como un elemento dador y bondadoso.

CARACTERÍSTICAS

Su nombre significa "espiga de maíz", y fue una de las diosas más veneradas pues se le consideraba la encarnación y deidad del maíz, la base de la alimentación de los pueblos mesoamericanos. Esta diosa mexica era representada como una mujer joven, pues se le asociaba a la etapa temprana de la semilla, ataviada con un tocado de plumas de quetzal.

XILONEN

Origen: **cultura mexica**

Región: **centro de México**

MITO

El octavo mes del calendario mexica estaba consagrado a ella, en el tiempo de la cosecha. Hija de Xochiquétzal, diosa de la belleza, las flores y el amor, y de Piltzintecuhtli, deidad de los hongos divinos y las plantas alucinógenas. Se dice que cuando nació, sus padres la ofrecieron a la tierra; y en ese momento de sus cabellos se originó la planta de algodón y de sus orejas y nariz brotaron las semillas de maíz. Xilonen resalta el reconocimiento de los ciclos dadores de la naturaleza como un aspecto esencial de la feminidad sagrada.

"Hermosa flor" y "flor emplumada" son algunos de los significados del nombre de la diosa mexica que encarna la primavera, la belleza, el amor físico y el placer. Xochiquétzal personifica la faceta joven, alegre y sensual de la Madre Tierra; ataviada con plumas de quetzal, joyería de turquesa y siempre rodeada de mariposas y flores. Le gusta mantenerse cerca de los humanos, como intermediaria.

XOCHIQUÉTZAL

Origen: **cultura mexica, tlaxcalteca y mixteca**
Región: **centro de México**

MITO

Uno de los mitos de origen mexica cuenta que la primera mujer fue creada por los dioses con el cabello de Xochiquétzal, convirtiéndose así en el origen de la feminidad sobre la Tierra. Siempre entre los humanos y los dioses, en un punto medio entre la divinidad y los placeres terrenales es patrona de las mujeres artesanas pues considera que la pintura, el bordado, la escultura y la orfebrería son objetos de rituales para honrar el placer. Xochiquétzal nos anima a explorar la feminidad a través del placer, no sólo en su forma física, también en su forma espiritual e intelectual desde la creatividad.

La deidad más importante de la santería, religión sincrética originada con la migración forzada de nigerianos a Cuba en los siglos XVIII y XIX, que mezcla las tradiciones yorubas con la religión católica. Yemayá es la madre universal, como diosa de las aguas toda la vida nace de ella, pues en este líquido vital todo tiene principio y fin.

YEMAYÁ

Origen: **cultura yoruba y afrocaribeña**
Región: **Cuba, República Dominicana y Puerto Rico**

MITO

Entre sus muchas representaciones, las más comunes son como una mujer caminando entre las olas marinas, o bien como una sirena rodeada de peces. Sus colores son el azul y blanco, como las olas y su espuma. Cuenta una leyenda que Oshún, diosa del amor y la femineidad, pasaba por el monte cuando fue sorprendida por Oggún, diosa de la fortaleza y la masculinidad, quien embelesado por su belleza la persiguió para poseerla. Asustada, Oshún escapó hasta toparse con el río para arrojarse en sus aguas, que la llevaron hasta el mar; ahí se encontró con Yemayá, quien no sólo le brindó protección, también le regaló el río para que habitara en él, la cubrió de joyas para alegrarla y desde entonces se tejió una amistad indestructible entre ellas. Las posiciones de poder no pueden ni deben prescindir de los actos compasivos hacia quienes son más vulnerables.

SAGRADAS

50 diosas de todo el mundo

VALERIA HIPOCAMPO

BIOGRAFÍA

Nació en la Ciudad de México en 1989 con el Sol en piscis. Estudió Historia del Arte y un par de años después comenzó a trabajar como ilustradora para libros de texto, carteles, portadas y lo que saliera al paso y necesitara un dibujo para comunicar. Actualmente trabaja de manera independiente desde su estudio, donde produce fanzines, ilustraciones personales y también tatúa.

BIBLIOGRAFÍA

Andrews, Tamra, *A Dictionary of Nature Myths*. Oxford-New York, Oxford University Press, 2000.

Baring, Anne, Jules Cashford, *El mito de la Diosa: evolución de una imagen*. Prólogo de Sir Laurens van der Post. Traducido por Isabel Urzáiz, Andrés Piquer, Pablo A. Torijano, Susana Pottecher. Madrid, Siruela, 2014 (EL Árbol del Paraíso, Serie Mayor, 38).

Bermejo Barrera, José Carlos, Susana Reboredo, Francisco Javier González García, *Los orígenes de la mitología griega*. Madrid, Akal, 1999 (Akal Universitaria, 179).

Bodin Cohen, Deborah, *Lilith's Ark, Teenage Tales of Biblical Women*, Philadelphia : Jewish Publication Society, 2006.

Cid Lucas, Fernando, *Mujeres en la historia del teatro japonés: de Amaterasu a Minako Seki*. Castellón de la Plana, Universitat Jaume I, 2013 (Sendes, 17).

Díaz Cíntora Salvador, *Xochiquétzal, estudio de la mitología náhuatl*. México, Universidad Nacional Autónoma de México, 1990.

Dulitzky, Jorge, *Mujeres de Egipto y de la Biblia*. Buenos Aires, Editorial Biblos, 2000

Elvira Barba, Miguel Ángel, *Arte y mito, manual de iconografía clásica*. Madrid, Sílex Ediciones, 2008.

Encyclopedia of Race, Ethnicity and Society, Richard T. Schaefer Editor. Sage Publications, 2008.

Errázuriz Vidal, Pilar, *Misoginia romántica, psicoanálisis y subjetividad femenina*. Zaragoza, Prensas Universitarias de Zaragoza, 2012.

Granvil, Rocco, *The Esoteric Codex, Demons and Deities of Wind and Sky*. Lulu.com, 2017.

Graves Robert, *La Diosa Blanca*. Traducido por William Graves. Madrid, Alianza Editorial 2014 (Alianza Literaria).

Harding, Elizabeth U., *Kali, The Black Goddess of Dakshineswar*. Newburyport, Nicolas-Hays, Inc., 1993.

Herreros, Ana Cristina, *Cuentos populares de la Madre Muerte*. Madrid, Ediciones Siruela, 2011 (Las Tres Edades, Biblioteca de Cuentos Populares, 18).

Hurwitz, Siegmund, *Lilith, the First Eve, Historical and Psychological Aspects of the Dark Femenine*. Einsiedeln, Daimon, 1999.

Inventing and Reinventing Goddesses, Contemporary Iterations of Hindu Deities on the Move. Sree Padma Editor. Lanham, Lexington Books 2014.

Mancini Billson, Janet y Kyra Mancini, *Inuit Women, Their Powerful Spirit in a Century of Change*, Lanham, Rowman & Littlefield, 2007.

Monaghan, Patricia, *Goddesses in World Culture, Vol.1 Asia and Africa*. Santa Barbara, Preager, 2011.

Monahan, Patricia, *Encyclopedia of Goddesses & Heroines*. Novato, New World Library, 2014.

Moreno Vega, Martha, *The Altar of my Soul, The Living Traditions of the Santeria*. New York, Random House, 2002.

Nájera Coronado, Martha Ilia, "Del mito al ritual", en *Revista de Investigación Social*, vol. 5 (7), 2004, pp. 1-18.

Nimmo, Harry Arlo, *Pele, Volcano Goddess of Hawai'i, A History*. Jefferson, Mc Farland & Company, 2011.

Otto, Walter F., *Los dioses de Grecia*. Prólogo de Jaume Pòrtulas. Traducido por Rodolfo Berge y Adolfo Murguía Zuriarrain. Madrid, Siruela 2012 (EL Árbol del Paraíso, Serie Mayor, 29).

Patel, Sanjay, *The Little Book of Hindu Deities, From the Goddess of Wealth to the Sacred Cow*. London, Plume-Penguin, 2006.

Quezada, Noemí, *Amor y magia amorosa entre los aztecas*. México, Universidad Nacional Autónoma de México, Instituto de Investigaciones Antropológicas, 1989 (Serie Antropológica, Etnología, 17).

Robles, Martha *Mujeres, mitos y diosas*, diseño de Francisco Muñoz Inclán; ilustraciones de Jorge Novelo. México, Fondo de Cultura Económica, Conaculta, 1996 (Colección Tezontle).

Schwartz, Howard, *Lilith's Cave, Jewish Tales of the Supernatural*. Oxford, Oxford University Press, 1991.

Scully, Nicki, *Sekhmet, Transformation in the Belly of the Goddess*. New York, Simon & Schuster, 2017.

Shinoda Bolen, Jean, *Las diosas de cada mujer: una nueva psicología femenina*. Traducido por Alfonso Colodrón Gómez. Barcelona, Kairós, 1994 (Colección Psicología).

Solares, Blanca, *Madre terrible: la diosa en la religión del México antiguo*, México, CEIICH, IIF, Universidad Nacional Autónoma de México-PUEG, Anthropos Editorial, 2007 (Autores, Textos y Temas, Hermeneusis, 2).

Stone, Merlin, *When God was a Woman*. New York, The Dial Press, 1976.

Tate, Karen, *Sacred Places of Goddess*. Consortium of Collective Consciousness, 2006.

Velasco, José Ignacio, *Egipto eterno, 10000 a.C. - 2500 a.C.*. Madrid, Ediciones Nowtilus, 2007.

Welch, Lynda C., *Goddess of the North, A Comprehensive Study of the Norse Goddesses, from Antiquity to Modern Age*. London, Weiser Books, 2001.

Werner, Marina, *Monuments and Maidens, the Allegory of the Female Form*. Berkeley-Los Angeles, University of California Press, 2000.

ÍNDICE

Sagradas de Valeria Hipocampo
se terminó de imprimir en junio de 2019
en los talleres de
Impresora Tauro, S.A. de C.V.
Av. Año de Juárez 343, col. Granjas San Antonio,
Ciudad de México